気をつけよう！

ネット動画

▶1 動画を見るのがやめられない

**動画にハマりすぎると
どんなことが起こる？**

**長時間視聴で
体に異変が起きる？**

**過去5年間で小中高生の
動画視聴する率は増加中！**

平成30年	78.6%
平成29年	77.7%
平成28年	74.5%
平成27年	71.3%
平成26年	69.0%

監修　小寺 信良（一般社団法人 インターネットユーザー協会 代表理事）

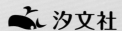

汐文社

はじめに

　ネット動画とは、インターネットを介して視聴できる動画のことです。インターネットが普及する以前は家で動画を見るとしたら、テレビか、ＤＶＤなどを買ったりレンタルしたりして作品を見る以外に方法はありませんでした。けれども現在は、いつでも自分の好きな動画をスマートフォン（以下スマホと略）やタブレット、パソコンなどで見ることができるようになりました。

　現在、多くの人に見られている動画は、映画やテレビ番組のようにプロが製作したものから一般の人が撮ってアップロードしたものまで、様々な種類のものがあります。以前は放送局や専門業者などでしかできなかった動画の撮影や編集が簡単になったことも、動画が現在のように身近なものになった一因といえるでしょう。

　自分の好みの動画を探す機能も充実しているので、スマホやタブレットがあれば、いつでもどこででも、自分がおもしろいと思う動画に出会うことができます。こうしたメリットの半面、心配なのが、動画を見るのがやめられなくなって依存状態になり、生活や体に影響が出ることです。

　そこでこの巻では、ネット動画の視聴の現状や依存すると何が問題なのかなどについて探っていきます。これらのテーマについて、この巻には４人の方がそれぞれの専門分野からアドバイスします。

筑波大学教授
土井隆義 さん

犯罪や社会問題などを研究する社会学者。ネット依存や子どものいじめ問題の研究をしている立場から、おもに依存の問題について解説します。

スマホ安全アドバイザー
鈴木朋子 さん

システムエンジニア時代に培ったITの知識と2人の娘の子育て経験を生かして、子どもに伝えたい安全なITの活用方法についてアドバイスします。

子どもとメディア常務理事
古野陽一 さん

子どもがテレビやパソコン、スマホなどのメディアを主体的に使えるよう研究している立場から、メディアをどう扱っていくといいのかについてアドバイスします。

インターネットユーザー協会代表理事
小寺信良 さん

映像の編集者として活躍した経験を生かし、インターネットに関する正しい知識を広める立場から、子どもとインターネットとのつきあい方などをアドバイスします。

もくじ

1 小中高生の ネット視聴の現状

▶ インターネットは1日何時間ぐらい使う？

　4〜7ページのデータは、インターネットの利用時間について内閣府が調べた結果をまとめたものです。平日のインターネットの利用時間の平均は、小学生は1時間58.2分、中学生は2時間43.9分、高校生は3時間37.2分でした。「2時間以上」インターネットを使っている小学生は39.4％ですが中学生では61.0％となり、高校生になると82.6％という結果が出ました。学年が上がるほど、インターネットを使う時間が増えているようです。

小学生で一番多いのは、
「1時間以上2時間未満」だね。

▶▶インターネットの利用時間（平日1日あたり）

	回答数（人）	1時間未満	1時間以上2時間未満	2時間以上3時間未満	3時間以上4時間未満	4時間以上5時間未満	5時間以上	わからない	2時間以上（計）	平均（分）
					単位（％）					
（H30年）合計	2,870	11.9	22.5	21.3	15.6	10.2	14.4	4.1	61.5	168.5
〔性・学校種別〕小学生（計）	847	21.8	32.0	18.4	9.6	5.3	6.1	6.7	39.4	118.2
男子	424	16.5	31.8	19.6	11.3	6.6	7.1	7.1	44.6	133.8
女子	423	27.2	32.2	17.3	7.8	4.0	5.2	6.4	34.3	102.6
中学生（計）	1,118	11.6	23.7	23.9	14.8	8.9	13.3	3.7	61.0	163.9
男子	553	9.9	23.3	24.6	13.4	9.4	15.2	4.2	62.6	174.4
女子	565	13.3	24.1	23.2	16.3	8.5	11.5	3.2	59.5	153.7
高校生（計）	894	3.0	12.3	20.8	22.4	16.2	23.2	2.1	82.6	217.2
男子	452	2.4	12.6	19.5	19.5	16.6	27.4	2.0	83.0	234.0
女子	442	3.6	12.0	22.2	25.3	15.8	18.8	2.3	82.1	200.0

中学生の利用時間は、
「2時間以上3時間未満」と
「1時間以上2時間未満」が多いね。

高校生で一番多いのが、
「5時間以上」。
何に使っているのかな？

私たちの生活の中で、インターネットを利用する機会は年々増えています。ネット動画の話をする前に、小中高生はネットをどのように使っているのか、その動向から見ていきましょう。

 ## 年ごとにインターネットの利用内容に変化はある？

　下のグラフは、インターネットで何をしているかについてまとめたものです。5年間で、どのような変化があったかを示しています。平成30年に一番多く利用していたのが「動画視聴」で、ついで「ゲーム」「コミュニケーション」という結果でした。「動画視聴」や「ゲーム」は利用する人が年々増加傾向にあることがわかりますね。

▶▶インターネットの利用内容（複数回答）

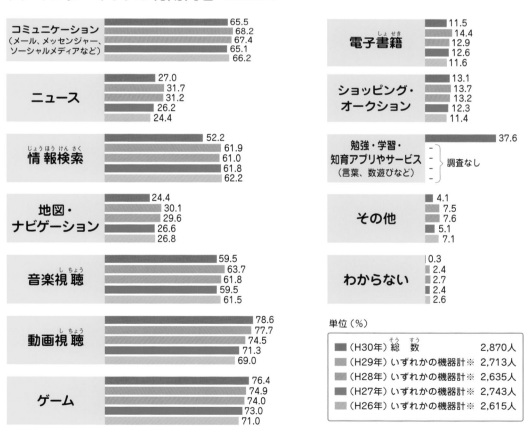

コミュニケーション（メール、メッセンジャー、ソーシャルメディアなど）	65.5 / 68.2 / 67.6 / 65.1 / 66.2
ニュース	27.0 / 31.7 / 31.2 / 26.2 / 24.4
情報検索	52.2 / 61.9 / 61.0 / 61.8 / 62.2
地図・ナビゲーション	24.4 / 30.1 / 29.6 / 26.6 / 26.8
音楽視聴	59.5 / 63.7 / 61.8 / 59.5 / 61.5
動画視聴	78.6 / 77.7 / 74.5 / 71.3 / 69.0
ゲーム	76.4 / 74.9 / 74.0 / 73.0 / 71.0
電子書籍	11.5 / 14.4 / 12.9 / 12.6 / 11.6
ショッピング・オークション	13.1 / 13.7 / 13.2 / 12.3 / 11.4
勉強・学習・知育アプリやサービス（言葉、数遊びなど）	37.6 / 調査なし
その他	4.1 / 7.5 / 7.6 / 5.1 / 7.1
わからない	0.3 / 2.4 / 2.7 / 2.4 / 2.6

単位（％）

■	（H30年）総　数	2,870人
	（H29年）いずれかの機器計※	2,713人
	（H28年）いずれかの機器計※	2,635人
■	（H27年）いずれかの機器計※	2,743人
	（H26年）いずれかの機器計※	2,615人

4～5ページの表は「平成30年度青少年のインターネット利用環境実態調査（内閣府）」より引用抜粋。
※インターネットの利用時間やインターネットの利用内容は、「スマートフォン」「携帯電話」「パソコン」「タブレット」「携帯音楽プレイヤー」「ゲーム機」「インターネット接続テレビ」などの15種類いずれかの機器で回答があった結果。

1 小中高生のネット視聴の現状

▶ インターネットに使う機器で一番多いのは？

10〜17歳が過去5年間でインターネットに使った機器を学齢別にまとめたものが下のグラフです。「スマートフォン」が圧倒的に多いことが一目瞭然ですね。「パソコン」が年々減っていて、「タブレット」が増加しています。

▶▶ 小中高生の機器ごとのインターネット利用状況（複数回答）

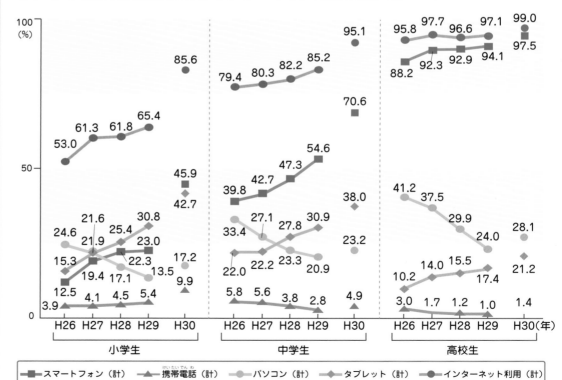

凡例：スマートフォン（計）／携帯電話（計）／パソコン（計）／タブレット（計）／インターネット利用（計）

▶ スマホでみんなは何を見ている?

多くの小中高生に使われているスマホ。では、スマホを使ってみんなは何をしているのでしょう。上から3位までを見てみると、小中学生男子は「ゲーム」が1位。女子も小学生は「ゲーム」が1位ですが、中高生になると「コミュニケーション」が1位となります。どの学齢でも「動画視聴」が2位となっていますね。

▶▶ 小中高生のスマホ使用状況 TOP3（複数回答）

中学生

男子		女子
ゲーム 79.2%	1位	コミュニケーション※ 82.2%
動画視聴 76.3%	2位	動画視聴 73.7%
コミュニケーション※ 69.1%	3位	ゲーム 56.1%

小学生

男子		女子
ゲーム 81.5%	1位	ゲーム 71.6%
動画視聴 63.6%	2位	動画視聴 60.7%
コミュニケーション※ 29.6%	3位	コミュニケーション※ 40.4%

高校生

男子		女子
コミュニケーション※ 86.5%	1位	コミュニケーション※ 93.3%
動画視聴 85.3%	2位	動画視聴 85.0%
音楽視聴 73.9%	3位	音楽視聴 83.6%

※コミュニケーション：ここではメール、メッセンジャー、ソーシャルメディアをしている時間という意味。

6〜7ページの表は「平成30年度青少年のインターネット利用環境実態調査（内閣府）」より引用抜粋。インターネットの利用状況と使用状況は、「スマートフォン」「携帯電話」「パソコン」「タブレット」「携帯音楽プレイヤー」「ゲーム機」「インターネット接続テレビ」などの15種類いずれかの機器で回答があった結果。平成30年は設問が変わったため、グラフは別扱いにしています。

2 魅力あふれる ネット動画の世界

 ## ネット動画ってどんなもの？

インターネットで視聴することができる、いわゆるネット動画。10代20代の間では地上波テレビを押しのけて、スマホやパソコン、タブレット（以下、まとめてスマホなどと略）を視聴するほうが多くなるほど人気となりました※。ではネット動画にはどんなものがあるのでしょう。おもなものを見ていきましょう。

※「平成29年情報通信メディアの利用時間と情報行動に関する調査（総務省）」の結果より。

YouTube やニコニコ動画など
動画共有サービス

ネット上で動画を共有できるサービスです。その代表格のYouTubeは現在、もっとも多くの人に使われている動画コンテンツサイト。誰もが無料で視聴でき、会員登録をすると10分以内の動画ファイルを無料でアップロードすることができます。ニコニコ動画は動画再生中にリアルタイムでコメントを書きこむことができ、それが再生中の動画上に表示されるため、チャットや掲示板のような感覚で楽しめ、人気となりました。

Amazon プライム・ビデオや Netflix など
動画配信サービス ※

2015年から急成長しているのが、動画配信サービスです。映画やドラマ、バラエティなどを、どこにいてもスマホなどで視聴することが可能。Amazonプライム・ビデオ、Netflix、Hulu、U-NEXT、TSUTAYA TV などがあります。

※ビデオ・オン・デマンドとも呼ばれます。

TVer や AbemaTV など
動画視聴サービス

TVerは放送された番組を後からスマホなどで視聴できるようにと、テレビ局が共同で始めたサービス。AbemaTV はインターネット上のテレビ局で、ニュースやバラエティなどのオリジナル番組のほか、ドラマ、音楽、アニメ、趣味系などの幅広いジャンルのものが視聴できます。

LINE や Instagram、TikTok など
SNS 動画

以前は文字と写真がおもだったSNSの世界でも動画が人気となっています。自分の気に入った動画を友だちと共有するだけでなく、自分で撮った動画を手軽にアップロードできるため、人気になりました。限定公開など、家族や仲間内だけで共有できる機能があることも、気軽に利用できる一因となっています。

小中高生が日頃からインターネットに使う時間の中で上位に位置するネット動画。どんな種類があって、どんな魅力をもっているのか、見ていきましょう。

ネット動画はなぜ長時間見てしまうのだろう？

　毎日、多様なジャンルの動画が公開されていて、それらのほとんどが無料で見放題という点がネット動画の魅力です。また、これまでの視聴歴が分析されて、その人が好みそうな「おすすめ動画」や、見ていた動画に「関連する動画」が次々に紹介されるため、飽きることなく動画を見続けることができます。そのため、ついつい長時間視聴してしまいがちです。動画配信サービスの普及によって、安価で過去の映画やアニメなどを見ることができるようになったことも、長時間利用の一因になっていると考えられます。

✓ ネット動画の人気のジャンル

癒し系ペット動画

映画やテレビなどのシリーズ配信

to be continued...

話題のミュージッククリップ

チャレンジ動画などのお笑い系

食べてみた！

3 長時間利用で心配されるネット依存

▶ ネット依存ってどんなもの？

インターネットの利用が長時間になり、そのような生活がやめられなくなったら、ネット依存の可能性があります。

依存で問題なのは、自分でコントロールできなくなり、依存するものが何よりも大事になって、ほかのことがどうでもよくなってしまうことです。そのほかの深刻な影響として、以下のようなものがあります。

● 睡眠や食事がおろそかになったり、昼夜逆転したりして本人の健康を害する

● 依存するものだけが大事になり、家族や友人との人間関係が悪化する

● 学校や仕事を休みがちになる

ネット依存という言葉が登場する以前から知られている依存としては、薬物依存やアルコール依存などがあります。このような旧来の依存は、依存しているものから切り離すことで依存からの脱出を試みます。それに引き換え、ネット依存の場合はたとえ問題だと自覚できても、現代ではインターネットを生活から切り離すことが困難なため、問題の解決が難しいといわれています。

10

ネット動画を長時間見ることで心配されるのがネット依存の問題です。ネット依存になるとどんなことが起きるのか、ネット依存にはどんな種類があるのかを押さえておきましょう。

これがネットに関係する依存！

ネット依存には、下のように「コンテンツ依存」「つながり依存」「ゲーム依存」と、3つの種類があるといわれています。

コンテンツ依存

ネット動画を一度視聴し始めるとなかなかやめられずに、気づいたら毎日長時間見るようになってしまうと、コンテンツ依存が疑われます。日常生活や将来に対して目的や目標がなく、**時間をもてあましている人がなりやすい傾向**にあります。

つながり依存

常にSNSなどで人とつながっていないと不安でしょうがない状態が、つながり依存です。友だちとの関係を悪くしたくないという思いから、終始スマホをチェックし、コミュニケーションを図るため、結果的に長時間ネットを利用してしまいます。**仲間内で孤立したくない**という気持ちが背景にあります。

ゲーム依存

以前は1人でテレビやゲーム機に向かっていたゲーム。ところがインターネットで他人とつながることのできるオンラインゲームの普及で、他人とのコミュニケーションや競いあう楽しさが加わり、さらに長時間、ゲームをするような人が出てきました。**親とのコミュニケーション不足や抑うつ感※があるとおちいりやすい**といわれています。

※抑うつ感：気分が落ちこんでいることを嫌う状況。

4 長時間視聴で起きる生活や体への影響

▶ 長時間の動画視聴でおろそかになることは？

　ネット動画を見る時間が増えることで問題になるのは、生活リズムがくずれたり、睡眠不足になったりすることです。総務省の調査から、ネット利用の増加によって小中高生の生活の中でもっとも犠牲になっているのは、睡眠の時間だということがわかりました。

　下の表は、総務省が調査し発表した「ネットを利用するために犠牲にしている時間」です。中学生で33.7％、高校生で48.1％の人が睡眠時間を犠牲にしていると答えています。

　睡眠は心身の発達のために必要不可欠。睡眠時間の減少は、成長の遅れのほか、注意や集中力の低下、疲労感などをもたらします。また朝起きられず、学校へ行けなかったり、行っても眠くて授業に集中できなかったりすることも心配です。平日の睡眠時間が6時間未満の子どもと8〜9時間寝ている子どもでは、教科による違いはあるものの、テストの平均点が10点以上差が出ることも調査※により、明らかになりました。

※「平成25年度全国学力・学習状況調査（文部科学省）」クロス集計の中学3年生の結果。

▶▶ネットを利用するために何をする時間を犠牲にしているか （複数回答）

	睡眠時間	勉強の時間	趣味に使う時間	家事の時間	運動の時間	家族と話す時間	食事の時間	ショッピングや映画などに出かける時間	友だちと会う時間	仕事の時間	アルバイトの時間	恋人と会う時間	その他	犠牲にしている時間はない
小学4〜6年生 519人	12.3	17.0	5.0	2.7	2.1	6.9	3.3	0.8	1.7	1.0	0.2	0.2	1.0	68.0
中学生　　　516人	33.7	40.3	8.5	4.1	6.8	13.8	4.8	2.3	4.8	0.8	0.0	0.2	0.0	42.6
高校生　　　522人	48.1	46.6	12.3	7.9	12.5	8.6	8.4	6.1	5.9	1.1	1.3	1.9	0.2	31.2
大学生　　　691人	47.5	34.6	16.8	16.2	12.6	4.5	7.7	7.1	4.9	2.6	4.5	1.0	0.4	34.4
社会人　　　357人	42.0	14.6	11.8	16.0	9.0	5.3	6.2	10.9	5.0	7.0	1.1	1.4	0.0	39.8

単位（％）

「平成25年青少年のインターネット利用と依存傾向に関する調査（総務省）」より引用抜粋。

ネット動画を見すぎてネット依存になってしまうと、どんな影響があるのでしょうか。ここでは、動画を見るのがやめられないことで起きる生活や体への影響について説明します。

▶ 体への影響にはどんなものがある?

ネット動画を長時間見ることで起こる、体への様々な害も指摘されています。

スマホのような近くの小さな画面を見続けるためには、左右の目を内側に寄せてピントをあわせるため、目の筋肉は長時間、無理な緊張が求められます。そのために、ピント調節の異常や視力の低下を指摘する眼科医の研究があります。

また、子どもの脳の追跡調査を行ったある研究機関からは、ネットを長時間使う子どもの脳には部分的に発達の遅れがあるという研究結果も発表されています。

そのほか、いつもうつむいて画面を見ているため、首の頚椎の形が変形してしまったり、頭部の重心が常に前にきていることによる首や肩の痛みを訴えたりするケースも増えています。これらは、各専門の医師や専門機関の研究に基づく情報ではありますが、逆に「科学的根拠」はないという主張もあります。いずれにしても、長い時間動画を見て、同じ姿勢でいることは体に悪影響であるようですし、目にも大きな負担があるといえるでしょう。

13

ネット依存におちいらないために、できることはあるのでしょうか。専門家のアドバイスをもとに、ネット依存の予防策と解決法について考えていきます。

依存の研究家　土井隆義さんがアドバイス

リアルな生活を充実させることが依存とうまくつきあうカギ

　人は1人では生きていけないので、**親子のつながりや恋人とのつながり、友だちなど、基本的に人間関係に依存しているのが普通です。**この人間関係がうまくいっていないと、「**もの」に依存してしまうわけです。**お酒やギャンブル、またここで取りあげるネットなどですね。実は依存自体は問題ではないのですが、**依存によって、自分をコントロールできなくなって健康を害したり、ほかのことがどうでもよくなったり、人間関係をこわしてしまったりすることが問題なのです。**

　自分でコントロールできない人は、楽しくて仕方がなくて離れられないというタイプと、日々の人間関係を保つために自分だけ勝手にやめられないというタイプに分けられます。コンテンツ依存とゲーム依存は前者で、つながり依存は後者です。

　どちらも解決のカギはリアルな生活にあります。リアルな生活が楽しくて充実していると、ネット動画を見る時間は減るもの。たとえば部活が忙しければ、動画にハマる時間はないわけです。そのため、**動画を見る以外に、実際に興味のあるところへ行ってみたり、関心のあることをやってみたりする機会を増やして、リアルな生活での楽しみを増やすと、コンテンツ依存におちいりにくくなるでしょう。**

　また、今のネット動画はSNS機能もついているので、コンテンツ依存とつながり依存が重なるケースもあります。つながり依存については、相手との関係をしっかりと築けていれば、常にスマホをチェックする必要はないわけです。ですからリアルな生活を大事にしてください。依存するものに振り回されずにすむようになれるといいですね。

15

CASE 1 片時もスマホを手放さず、睡眠と学業に影響が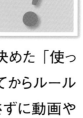

　Ａさんは中学１年生でスマホデビュー。最初の頃は、家族で話して決めた「使っていい時間と場所」のルールを守っていました。けれども高校に入ってからルールをやぶるようになり、学校から帰宅後寝るまで、スマホを片時も手放さずに動画やSNSを見ています。食事中も画面を見たままです。最近は朝、なかなか起きられないので学校に遅刻するようになり、成績も下がり始めました。おかあさんはＡさんの依存症を心配しています。

ここからは、ネット動画にハマってしまったことで起きた事例を紹介していきます。まずは、昼夜逆転して学校の成績が下がってしまった、動画好きな高校生のケースです。

▶ どれだけネットを利用しているか知ろう

生活の乱れは、本人が自覚をしないと改善することができません。そのためにおすすめなのが、1日の生活を書き出すことです。睡眠時間、食事時間、学校にいる時間、勉強時間、入浴時間、ネットをした時間、ネット以外の趣味や遊びの時間、習い事の時間などを、1日の何時から何時にしたのかを書き出すのです。各時間を合計すると、たとえば「睡眠時間が5時間なのに、ネット時間も5時間だった」などということがわかります。小学生なら9時間、中高生でも7時間から8時間は成長のために睡眠をとりたいので、足りないですね。

5時間という時間の意味がわかりづらければ、お金に換算してみてはどうでしょうか。毎日5時間だと1カ月で150時間ほどになります。もし時給800円でアルバイトをしたとしたら、1カ月で12万円も稼ぐことができるわけです。毎日のネットにそれだけの価値があるでしょうか。

自分で決めた制限時間を守るのは大人でも大変なので、時間制限のあるフィルタリングやタイマーアプリなど、スマホの利用をコントロールできる機能制限を使うのもいい方法です。

夜型になってしまった人は、昼間にできるだけ体を動かして、夜にしっかりと眠れるようなサイクルにするといいでしょう。スマホから発せられるブルーライトは、人を眠りに導くホルモンの分泌をおさえてしまうので、寝る2時間前はスマホは使わないほうが、眠りにつきやすく、良質な睡眠ができるといわれています。

対応のヒント

→ 成長期に必要な睡眠の大切さを知ろう
→ 自分の1日の生活時間を書き出し、「見える化」する
→ 「見える化」をもとに時間の使い方を見直してみる

6:30	起床
	ラインチェック
7:00	朝食・通学準備
7:40 8:15	家を出る
	学校
17:00	帰宅
	ネット動画サーフィン
19:30	夕食
20:30	宿題・入浴
21:30	ネット動画サーフィン
0:30	就寝

 CASE 2 いつでもどこでもスマホを見ていて
階段を踏み外し、捻挫

Bくんは中学3年生。最初は両親と「連絡手段として使用する」と約束して使い出しました。ただ、連絡用以外に使ったからといって、スマホ使用上のペナルティがあるわけではなかったそうです。家の中でも歩きながらでも、スマホが手放せない様子を見て、おかあさんは心配をしていました。ある日、足を引きずるようにして帰宅したBくん。実は通学途中の駅の階段でもスマホでYouTubeを見ながら降りていて、階段を踏み外して捻挫をしてしまったのだといいます。

次は中学生のケースです。いつでもどこででもネット動画を見るように
なり、通学途中もスマホを歩きながら見ていてケガをしてしまいました。公共の場でのスマホの使い方についても考えたいですね。

▶ 周囲の人に迷惑な行為をしないことは大原則

　階段を踏み外しても大きなケガにならなかったのは幸いでしたね。この事例は、ネット動画の問題のようで、実は公共のマナーの問題といえます。スマホを触りながら歩いている人の後ろを歩いていて、遅くてイライラしたり、突然止まられてぶつかりそうになったりしたことはありませんか。

　歩きながらスマホを見ていると周囲の人に迷惑をかけること、自分もトラブルに巻きこまれる可能性があることを、今一度確認しておきましょう。そして、「歩く時はスマホを見ない」などの、スマホを使うにあたってのルールを決めて守るようにしましょう。

　YouTubeなど自動再生機能があるアプリは、次々とおすすめの動画が再生され、それが結果的に長時間の視聴につながり、歩きスマホの原因となります。自動再生は自分で時間の使い方をコントロールできるようになるまではオフにしておきましょう。

　いつでもどこでも動画を見てしまう習慣をやめたいならば、スマホはあくまでも連絡用として使い、動画は家だけで見るようにするのも1つの方法です。動画を見ることができるアプリを削除したり、アプリが使用できる時間を制限する機能なども活用したりしてみましょう。

対応のヒント

➡ 「ながらスマホ」は人に迷惑をかけていることを知ろう
➡ スマホ利用のルールを作る
➡ 機器の機能制限を利用し長時間使えない工夫も

 CASE 3

動画をただ見ていただけなのに 突然、お金を請求する画面が

　Cくんは中学校入学と同時にスマホを使うようになりました。ある時、見なれないサイトに行って動画の再生ボタンを押すと、突然、「登録料30000円」という表示。あわてて退会手続きの画面へ行き、自分の名前とメールアドレスを入力して送信したところ、後日、30000円を請求するメールが届いてしまいました。誰にも相談できず、数日間思い悩んでいたところ、おかあさんから「ここ数日、様子がおかしいけれど何かあったの？」と聞かれ、ようやく経緯を説明しました。

3例目はスマホで動画を見るようになって3カ月目に起きたケースです。ある日、スマホに突然お金を請求する画面が表れました。動画は「見ているだけだから安心」というわけではないようです。

▶ お金を請求されても覚えがなければ無視して大丈夫

　まず、どういう経緯で知ったのかよく覚えてないようなサイトへ行って、動画を見るのはやめましょう。世の中には「架空請求」といって、身に覚えのない商品を一方的に送りつけてお金を要求する詐欺があり、それはインターネットの世界でも存在しています。インターネット上の契約については、電子消費者契約法や特定商取引法という法律があります。有料という表示や利用規約の説明なしで、お金を請求されてしまっても、その契約は無効となることが定められています。

　そのため、自分が有料の契約などに同意をしていなければ、お金を請求する連絡がきたり表示されたりしても、支払う必要はありません。一番いいのは、そのような画面が表示されても、無視することです。

　社会経験や法律の知識が少ない子どもの場合、無視することで、何かもっと悪い事態にならないかと悩むかもしれません。けれども、ここで電話をかけたり、メールアドレスや住所、名前などの個人情報を伝えてしまったりすることのほうが危険です。必要のないメールが届いても無視するか、受信拒否をしましょう。普通は自分から教えないかぎり、個人情報が相手に伝わることはありません。もしも、インターネットでこのように困ったことが起きたら、1人で悩んで間違った判断をしてしまう前に、親や教師など周囲の大人や相談窓口に相談をしましょう。

対応のヒント

➡ 契約した覚えのない
　お金の請求は無視する
➡ 知らないメールや電話がきても無視
➡ 困ったことがあれば大人や相談窓口に相談

親子で読んで! 依存にならない

　これまで見てきたような依存やトラブルにあわないようにするために、家庭でインターネットやスマホを利用する上でのルールを作りましょう。この「ルールを作る」という考え方は、「スマホ18の約束」がインターネットを通じて世界に広まったことがきっかけとなっています。その約束とは、アメリカに住むジャネル・ホフマンさんが13歳のわが子にはじめてiPhoneをプレゼントする時に手渡したルールのことです。その中でホフマンさんは、「これは私が買った私の電話です。あなたに貸します」「いつかあなたは失敗するでしょう。その時、私はあなたの電話を取りあげます。新たなスタートに向けて私たちは座って話しあいましょうね」と書き、スマホはあくまでも親の持ちものなのだから、親がパスワードを含めて完全にコントロールをするべきと明言しています。

　みなさんの家庭にはインターネットやスマホの使い方のルールはありますか？　すでに、スマホを使っている場合に、「さあ、スマホの使い方のルールを作りましょう」といきなり話しあうのは、難しいかもしれません。まずは親から、自分の子どもがスマホやネットを利用することで睡眠不足や健康を害すことなどの問題が起きないかと心配をしていることを伝え、親子で一緒に「その心配を解消するために何ができるか」を考えることから始めるといいでしょう。作ったルールは紙に書き出して、毎日視界に入る場所に貼り出しておきましょう。

　ルールはその家庭の環境によって異なるので、話しあっておくといい代表的な例を挙げておきます。

家庭で話しあっておくといいこと

➡ 使う時間は何時から何時か

➡ 毎日、何時に寝るか

➡ スマホに入れるアプリは何?（親の許可を得ること）

➡ そのアプリは何の目的で使うもの?

➡ テスト前は使用時間を変えるか

➡ 自分の個人情報はネット上で書きこまない

➡ 知らない人からの連絡には返信しない

➡ 不適切な動画は撮らない・投稿しない

➡ もしもルールが守れなかったら、どうするか

守れなかった場合の
ペナルティも必ず決める

例
●1週間、スマホを使わない
●守れなかったアプリを1週間我慢

ためのルール作り

スマホ安全アドバイザー　鈴木朋子さんがアドバイス

子どもの安全を守るために
親も勉強を

　子どもが安全に使えるようにスマホを設定したり、子どもの使いすぎをふせいだりする方法はいろいろとありますが、そのためには親も勉強が必要です。**ルールを決めても親が機能を知らなければ、すり抜ける道はいろいろとあるからです。** たとえば、動画の見すぎをふせぐために動画アプリの機能制限をしても、YouTube や TikTok はログインせずに見ている分には制限される時間に含まれません。Safari などのブラウザから動画を見ることも可能なので、**機能制限をしたからといって使いすぎを確実にふせげるわけではないのです。**

　勉強が必要だという理由のもうひとつに、**お子さんとの信頼関係**があります。お子さんが何かトラブルに巻きこまれ、たとえば親にそのアプリの話をしようとしても、「何それ？　よくわかんない」という反応だったら、お子さんも相談をする気になれないですよね。何かあった時にお子さんが頼れるよう、**「一緒に解決をしていこう」という姿勢を常に親から子どもへ見せておいてほしいです。** ネットに関する知識を得ていくのが難しいのなら、お子さんが使っているアプリはどんなものか、基本的な機能でいいので、知っておくといいと思います。

　ネット動画の見すぎを心配される親御さんは多いですが、**ネットの世界に子どもが足を踏み出すことは、いい面もたくさんあります。** 単純に便利だというだけでなく、リアルな生活で不満があったり充実していなかったりする子が、ネットの世界で好きなものが見つかったり、仲間ができたりするんです。だから、せっかくの魅力あふれるネット動画とバランスのとれたつきあい方ができるように、**親子で話しあい、各家庭なりの納得のいくルールを見つけてほしい**ですね。ルールの内容は家庭ごとに違うでしょうが、ルールを作るポイントはあるので、最後に挙げておきます。

ルール作りのポイント

➡ **ルール作りは子どもと一緒に話しあって、お互い納得した上で作る**

➡ **ルールが適正か、試用期間を決めて運用していく**

➡ **半年ごとなど、ルールは子どもの成長に伴い、見直しをする**

➡ **守れなかった時のペナルティは必ず決めておき、実行する**

➡ **親も子どもが使っているサービスを知っておく（使ってみる）**

➡ **何かあった時にいつでも親が相談にのることを伝えておく**

はじめてスマホ

　ここでは、子どもがスマホデビューをする時の方法を紹介します。スマホはとても便利な機器で、通話機能もあればカメラ機能もあり、そのほか、メッセージ機能、情報収集、録音、地図など、多彩な使い方ができます。子どもがはじめて使う時は、その子にとって必要な機能から少しずつ使えるようにしていくようにしましょう。家で親のタブレットやパソコンを使う場合や契約切れのスマホを使うのも、スマホデビューと同じだと覚えておきましょう。

ステップ 1

スマホの所有者・管理者はあくまでも親などの保護者なので、パスワードは保護者が設定します。最初は連絡用の通話だけできるようにして子どもに手渡します。

ステップ 2

1週間、通話のみで使っている間に、子ども自身に「スマホで本当に必要な機能(アプリ)」を1つ選ばせ、その理由について話しあいます。「みんなが使っているから」ではなく、たとえば「クラブ活動の連絡手段がLINEだから必要」などというように、具体的に話しましょう。また、その機能を安全に使うためのルールも一緒に考え、できたルールは紙に書いて家族みんながよく見えるところに貼ります。

ステップ 3

1週間、ステップ2の約束どおりに使えたら、もう1つ機能を増やす話しあいをします。ステップ2同様、必要な理由と使い方について話しあい、ルールを決めます。

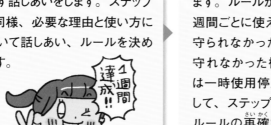

1週間
達成!!

ステップ 4

さらに1週間、約束どおりに使えたら、もう1つ機能を増やす話しあいをし、ステップ3同様にルールを決めます。ルールが守られているようなら、必要に応じて1週間ごとに使える機能を増やします。ただしルールが守られなかったら、守れなかった機能は一時使用停止にして、ステップ2のルールの再確認に戻ります。

よし!
次はカメラを
使えるように
しよう!

上記のステップ1〜4は、NPO法人「子どもとメディア」常務理事古野陽一さん資料より引用抜粋。

やパソコンを使わせる時

メディアの専門家　古野陽一（ふるのよういち）さんがアドバイス

なんとなくではなく、スマホは目的をもって使って

　スマホなどの機器に振り回されないようにするためには、「何のために使うのか」をはっきりとさせることです。なんとなく、ヒマつぶしのように使っていると、気づいたら何時間も動画を見続けていたということになるのはあたり前です。**「必要な動画を見たら画面を閉じる」**、そのシンプルな原則をぜひ覚えておいてほしいですね。

　私には子どもが3人いて、スマホの機能制限がまだなかった時には、子どもが約束をやぶってスマホを没収するという経験を何度もしました。3人目の子どもの時に機能が制限できるようになってからは、それなりにコントロールしながら使えるようになったので、機能を制限することは効果があることを実感しました。

　「気づくと長時間見ていた」という事態にならない秘訣は、**インターネットを使う時間について「必要な時間」「遊び・楽しみの時間」「なんとなくの時間」に分類する**ことです。そして、「必要な時間」なら使い、「遊び・楽しみの時間」ならその時間が終われば使うのをやめればいいわけです。「なんとなくの時間」はなくしたい時間です。

機能制限の一例（iPhone スクリーンタイムの例）

　これまで何度か出てきたスマホの機能制限という言葉。ここで、日本のスマホシェアが69.1％（2019年現在）とトップのiPhoneの機能制限スクリーンタイムの設定方法を例にとって説明しましょう。

❶ iPhoneの「設定」画面からスクリーンタイムを選びます。「このiPhoneはご自分用ですか、それともお子様用ですか？」と表示されたら「これは子供用のiPhone/iPadです」を選択します。

❷ 画面を見ない「休止時間」を設定します。家庭で「スマホの使用は夜21時までで朝は7時から」と決めたなら、その時間を入力します。

❸ 次は「App使用時間の制限」でアプリの使用時間を設定します。アプリごとに設定することもできますが、アプリの種類ごとに設定することも可能です。たとえば、SNSは1日1時間まで、YouTubeなどのエンタテイメントは1日30分までと設定すれば、その時間以上は使えなくなります。ちなみに、勉強のアプリだけこの制限を受けないようにすること（「常に許可」する）も可能ですし、制限時間の延長をしたい時に保護者が許可を出して使えるようにすることも可能です。

❹ 「コンテンツとプライバシーの制限」では、成人向けコンテンツを表示しないようにしたり、勝手にアプリを入れたり課金したりできないように設定できます。上記の設定ではその都度、パスワードを求められるので、勝手に設定を変えられないように親がパスワードを管理するようにしましょう。1日に子どもがどんなアプリを使ったかは、保護者のiPhoneから確認することができます。

9 スマホにハマっていた私たちの今

Eさん（WEBメディア事業勤務／26歳／女性）

Q ネット動画を一番長時間見ていたのはいつ頃ですか？

16歳くらいです。ニコニコ動画でアニメを見て、それを流したまま勉強して、というような「ながら見」も含めると、夏休みに連続16時間くらい見ていたこともあります。朝起きたらニコニコ動画をつけて、ずっと見ながら過ごす感じです。

Q 長時間の視聴で、何か影響がありましたか？

寝不足にはなりました。生活が昼夜逆転してしまい、大学時代は授業を睡眠の時間にあてていたのは事実です……。

Q 社会人になり動画の視聴時間をコントロールできるようになりましたか？

はい。以前はニコニコ動画で同じ動画を見てリアルタイムでコメントしあうのが友だちと遊ぶ感覚のようで楽しくて。とくに高校時代は夜は自宅にいるしかなかったから、することがなくてパソコンで動画徘徊しちゃっていたんだと思います。ネットの世界はめまぐるしくトレンドが変わるから一度離れるとはやりがよくわからず、大学生になってからはあまり利用しなくなり、自然とアクセスが減りました。

Q 今は、インターネットで何を見たり楽しんでいたりしますか？

1日にスマホでニュースアプリを2時間、TwitterやInstagramを2時間、LINEを30分、その他、まんがアプリを少し使っています。アニメは週末に4時間ほど、パソコンを経由してモニタで見ています。

Q ネット動画の魅力はどんなところにありますか？

見たい時に見たいものだけを見られるし、興味のあるものを検索で探せるのがテレビにはない魅力。端末をもち歩けば、どこでも見られる点もいいですね。またニコニコ動画の

ように、同じ動画を見た人の反応やコメントを見るのも楽しいです。

Q ネット関係でトラブルにあったことはありますか？

掲示板にハマっていた時は中傷も受けました。当時はすごくショックでしたが、顔や本名が知られているわけではなかったので、こわくはありませんでした。

> ほかにやることができると自然と見る時間は減ると思うよ

10代の頃はネット動画に時間を割いていたという20代の2人に、視聴歴や生活や体への影響、現在の使い方との違いについて聞きました。どんな変化があるのでしょうか。

Yさん（運送業勤務／25歳／男性）

Q ネット動画を一番長時間見ていたのはいつ頃ですか？

高校生の頃ですね。好きなギタリストの演奏動画を延々と。それとネット小説を含めて、夜9時から1時くらいまで見ていました。

Q 長時間の視聴で、何か影響がありましたか？

小6の時にパソコンで動画を見たり、ゲームをしまくったりしていた頃から視力が悪くなってきたと感じました。その後も結局視力は低下し続けています。

Q 社会人になり動画の視聴時間をコントロールできるようになりましたか？

コントロールできるようになったというより、自由な時間が減ったので、自然と視聴時間が減りました。趣味のものよりも、自分の創作や仕事のスキルアップのためのチュートリアル的な動画を多く見るようになりました。

Q 今は、インターネットで何を見たり楽しんでいたりしますか？

平日に動画をゆっくり見る時間はなくなり、週末に映画作品などを見ます。スマホは音楽を聴いたり、小説を読んだりするのに使っています。パソコンだとYouTubeやSoundCloudを1日に1時間くらい、あとは音楽やゲームなどの創作活動のBGMとして曲を流しています。

Q ネット動画の魅力はどんなところにありますか？

最新のものから古いものまで、いつでも好きな時に閲覧できることです。

Q ネット関係でトラブルにあったことはありますか？

ありませんでした。

高校時代はヒマつぶしに長時間見ていたけど、
今はやりたいことや仕事のスキルアップのために使っているよ

動画と離れられない状態から抜け出そう

▶ スマホやインターネットに振り回されない方法を考えて

　ネット動画に振り回されない生活を送るようにするためには、自分の意思で「使う・使わない」を判断できるようになることが一番です。楽しくてなかなかやめられないという人も多いでしょうが、学生のうちは「周囲がみんなやっているから」「チェックしておかないと、みんなと話があわなくなるから」という理由も多いのではないでしょうか。

　ネット動画だけにかぎった話ではありませんが、ここで九州のある小中学校で一斉に行った、テレビやインターネットの情報を主体的にコントロールするための訓練である「メディアコントロールチャレンジ」の試みについて紹介します。スマホなどを正しく使う方法については、各学校でもどのように指導すべきか模索中のようです。ですが、この試みは、ネット時間をコントロールする力を養うヒントになるのではないでしょうか。これからもインターネットは社会や人と人とのつながりを変えていくでしょう。そうした変化に対応できる人間になるためにも、インターネットやネット動画を扱う意味について考え、家庭や学校で話しあう機会を設けてみましょう。

✔ 小中学校が連携して行った「メディアコントロールチャレンジ」

　ある九州の中学校では定期テストの前でも、スマホなどを使う時間に比べて勉強時間が増えないことに悩んでいました。そこで、定期テストの1週間前から終了までの期間にテレビやスマホなどを制限する「メディアコントロールチャレンジ」を地域の小学校とともに行うことにしました。

　期間中、子どもたちは家庭で話しあい、以下のチャレンジ項目の中から自分のコースを選びます。そしてテストが終わった時点で、「バッチリできた」「ほぼできた」「ほとんどダメだった」「できなかった」と自己採点するのです。

チャレンジ項目

✔ 朝から寝るまでノーメディア（ニュース・天気予報はOK）

✔ 学校から帰った後ノーメディア（ニュース・天気予報はOK）

✔ メディア時間1日（　　　）時間まで（←自分で決める）

✔ 夜10時以降ノーメディア

✔ 食事中ノーメディア

✔ 学習中ノーメディア

✔ Myコース（←自分で考えるオリジナルコース）

ネット動画を見てばかりいると、やがて生活や学校での成績、体などに影響が出る可能性があります。ここでは、必要に応じてコントロールできるような力を身につけるための解決策を紹介します。

「メディアコントロールチャレンジ」を実施してみて

　取り組みを学校全体で行ったことで、子どもたちから「自分だけメディアから離れるわけではないので、取り組みやすかった」という意見があがりました。また、その後も定期テストのたびに行ったため、徐々にテスト中の子どもの生活リズムがととのっていったという成果も見られました。テストの平均点も上がったようで、実践した後には「チャレンジした分、テストでいい点が取れた」「チャレンジを通じて家族で話す機会ができたのでよかった」「ムダにテレビをつけない習慣になった」という感想が寄せられたそうです。

試してみて！

- ネット時間をコントロールできるよう、まず自分の目標を作ってみよう
- テストなどの前はネット動画を見ない時間を作ってみよう
- 一緒にやることで実践しやすくなるので、友だちと誘いあってチャレンジ

もしも子どもが
失敗したら

ネットユーザー教育の専門家　**小寺信良** さんがアドバイス

子どもが失敗しても
それを成長のチャンスととらえて

ネット動画は家にいながらも、遠く離れた国の生活や自分の知らない世界を垣間見ることが可能で、新たな発見がたくさんあります。また文字や静止画に比べて動画はわかりやすいので、何か知りたいことがあった時にもとても便利です。その半面、思わぬトラブルに巻きこまれたりすることもありますし、ネット依存の問題も心配です。

ネット動画とのつきあい方は、その人によって楽しみ方も使う環境も様々なため、「**こうするといいです**」**とは簡単に言えません。**ただ言えることは、人はネット動画にかぎらず、**失敗をしながら成長するということです。**もし、ネット動画の見すぎなどのトラブルにおちいっても、どうすればその失敗を次の成長へつなげられるのか、どうか学校や家庭でも、**みんなで話しあう機会を作ってください。**そして子どもの成長とともに、**少しずつ制限を外し、自分でコントロールできる力をつけるよう、親や教師はサポートしてほしい**と思います。

フィルタリングなどの機能制限は万能ではなく、いろいろな抜け道があります。だからこそ、子どもには未知の問題に対応できる能力が必要です。もしも何かトラブルが起こり、自分で解決できないようなことが起きたら、大人や相談窓口に相談できることを覚えておきましょう。子どもは自分の失敗を親や教師にはなかなか言えないものですが、大人だってネットのことをすべて知りつくしているわけではありません。ですから、嘘をついたりごまかしたりする必要はないのです。そのかわり、大人はネット以外のことで豊富な人生経験があります。今ネットで起こっているトラブルも、昔は別の原因で起こっていたものがほとんどです。その知識は、今のネットのトラブルにも役に立ちます。安心して大人を頼ってください。

困った時の相談窓口

警視庁「ヤング・テレホン・コーナー」

https://www.keishicho.metro.tokyo.jp/sodan/shonen/young.html

☎ 03-3580-4970（24時間対応）

インターネット関係にかぎらず、未成年者が何か困った時や相談したいと思った時に電話で相談できるよう24時間受けつけている相談窓口。

東京都都民安全推進本部「こたエール」

https://www.tokyohelpdesk.metro.tokyo.lg.jp

☎ 0120-1-78302
（15:00 〜 21:00 月〜土曜日 ※祝日を除く）

「お金を払えと言われた」「会いたいと言われた」など、インターネットで困っている青少年のための相談窓口。メールやLINEでも相談可能。

ほっとネットライン

https://it-saga.net/hotnetline/

☎ 0952-36-5900（平日9:00 〜 18:00）

子どもを取りまくインターネット関係のトラブルについて、電話やLINE、メールで相談できる窓口。
LINE ID @hotnetline

INDEX さくいん

● 執筆・編集
株式会社メディア・ビュー（橋本真理子、酒井範子）
一般書籍、雑誌、企業の冊子、Webを中心に、企画・編集・デザインを行っている。おもな制作物に、『からだにいいこと』（祥伝社）、『たまひよオンライン』（ベネッセコーポレーション）、『学研教室 学習コースのご案内』（学研ホールディングス）などがある。

● 監修
小寺信良（こでら・のぶよし）
インターネットユーザー協会代表理事。コラムニスト、映像技術者。テレビ番組の編集者としてバラエティ、報道、コマーシャルなどを手がけたのち、ライターとして独立。AV機器から放送機器、メディア論、子どもとITの関係まで幅広く執筆活動を行う。おもな著書に『気をつけよう! SNS』『気をつけよう! スマートフォン』シリーズ（汐文社）、『USTREAMがメディアを変える』（ちくま新書）、『子供がケータイを持ってはいけないか？』（ポット出版）などがある。

● 取材協力
土井隆義（どい・たかよし）
社会学者。筑波大学人文社会系教授。専門は犯罪社会学、法社会学、逸脱行動論、社会問題論。著書に『つながりを煽られる子どもたち──ネット依存といじめ問題を考える』（岩波書店）などがある。

鈴木朋子（すずき・ともこ）
ITジャーナリスト、スマホ安全アドバイザー。メーカーでシステムエンジニア業務に従事したのち、フリーライターに。SNS、スマートフォン、パソコン、Webサービスなど、身近なITに関する記事を執筆している。著書に『親が知らない子どものスマホ』（日経BP社）などがある。

古野陽一（ふるの・よういち）
NPO法人子どもとメディア常務理事。IT技術者、ゲーム製作者の経験も生かして、講演会、ワークショップで広く、子どもとメディアの関係についての啓発を行っている。共著に『ネットに奪われる子どもたち〜スマホ社会とメディア依存への対応〜』（少年写真新聞社）がある。

● イラスト
なとみみわ

● デザイン
倉又美樹、代々木デザイン事務所

● 編集担当
門脇 大

気をつけよう! ネット動画
①動画を見るのがやめられない

2020年1月　初版第1刷発行
2021年6月　初版第3刷発行

監　　　修　　小寺信良
発　行　者　　小安宏幸
発　行　所　　株式会社汐文社
　　　　　　　〒102-0071　東京都千代田区富士見1-6-1
　　　　　　　TEL 03-6862-5200　FAX 03-6862-5202
　　　　　　　https://www.choubunsha.com
印　　　刷　　新星社西川印刷株式会社
製　　　本　　東京美術紙工協業組合

ISBN 978-4-8113-2686-3